JN409476

산골아이 일기장

산골아이 일기장

신언련 동시와 시

|책을 내며|

주님의 형언할 수 없는 사랑에
뜨거운 눈물의 감사를 올리며
복된 새해를 기원합니다.

금년 새해 아침 내게 배달된 심시인의 연하엽서
긴 겨울잠에서 나를 깨워 초봄에는
산골아이 일기장으로 답장을 대신하려
주님을 의지하며 길을 계획해 봅니다

시를 주신 지 어언 40년
간절한 마음으로 올려 드리고 싶은
시가 있었습니다.

30여 년 전에 주신 '장안산을 오르며'
'기도하는 한 사람 있어'
그리고 최근의
'지금은 화해할 때'입니다

'장안산을 오르며'는 아들 진성이가

애독하였고 '기도하는 한 사람 있어'는 딸 연아와 동생 종수
오랜 벗 영희와 용옥이가 애청하였습니다.
물론 '아멘'으로 화답하여 주님께 영광 돌리고
오랜 침묵 끝에 문득
신아출판사에 맡겨 둔 봄 시가
생각났습니다 '산골아이 일기장'
내 생애 가장 뜨거웠던 진실했던
시의 삶 속에 장수군 교단의 현장에서
만난 담임 반 영근이의 이야기
세상에 발표하는 것을 사명으로 여기며
간직하던 차 오랜 우의의 신아출판사
서정환 사장님의 재촉에 주님의 인도하심
믿고 감사하며 책을 내게 되었음을
알려 드리며 머리말을 대신하여 주님의 이름으로
이 시를 바칩니다.

지금은 화해할 때

방문 닫고 산지
여러 달

창문 새로 고요한 흰눈의
손짓도 거절한 채

아침에도 홑이불을 끌어 당기며
저무는 나

지난밤엔 고운 달도
놀러 왔었는데 일어나 맞으리라
생각하는 사이 가고 만
달

날 위하여 날 위하여
오신
하늘 아기
문을 닫았는데 어찌 오실까

돌 같은 내 마음
그래도 마다 않고

달을 보내
흰눈을 보내
화해의 손 내미시는데
섭섭한 그 누구 있어
노여운 그 무엇 있어
마냥
입 다물고 있는가

주홍같이 붉은 죄
양털 같이 희게 해주셨는데

피와같이 붉은 죄
눈과 같이 희게 해주셨는데

용서 못할 그 누구 있어
산성문 빗장처럼
문을 걸고 있는가
평화의 종을 울리며
성탄은 다가오는데
희망의 종을 울리며
새해는 밝아오는데….

차 례

3부 풀꽃에게

4부 단풍 곁에서

5부 회개

1부

봄 얼굴

새해 아침

눈도 새빛
해도 새빛
마음도 새빛

눈도 은빛
해도 은빛
마음도 은빛

시냇물 따라 걷는
길
아침 여덟 시

눈이 한 번 비쳐주고
해가 비쳐주고

한 해에 가장 깨끗한
시냇물
은빛 시냇물

해가 한 번 쬐어주고
눈이 쬐어주고

한 해에 가장 빛나는
시냇물
금빛 시냇물

시냇물 따라 걷는
길
아침 여덟 시

눈이 비쳐주고
해가 쬐어주고

빛나는 내 얼굴
눈부신 내 얼굴

병태 양반

평생 일한 등
호미처럼 굽어

모시옷
나무그늘 매미 함께
노닐다가

십삼 남매 손목 놓고
매미 울음 뿌리치고
굽은 허리 쉬엄쉬엄
어디만큼 가시는지

맨발 벗고 노던 동구
들며 나던 고향길
잔디 한 삽 흙 한 삽에
따라 묻힌 고향 산천

흙이 되어
잔디 되어
다시 오마시련지

고추 봉숭
감 그루
텃밭 고이 일궈 놓고
굽은 허리 되굽혀

지금은
어느 텃밭
일구시나

조약돌

바다에서
주워온
조약돌 하나

물결이 부려놓고 간
지구의 나이
눈감아도
보이잖는
아득한 나이
한 장
한 장
꽃잎처럼 포개 놓았다

산의 한 귀퉁이였다가
바다였다가
마침내
조약돌 속에
꼭꼭 숨어
돌아온
산과
바다

꼬불 꼬불
접혀진
지층길 따라가면
사르르르
물살 소리

푸른 옛날이
맨발 벗고
놀고 있다

봄 얼굴

3월이면 눈 비비는
산
부스스
눈 비벼 몽롱한
산

물소리
샛길 트인
들
민들레 냉이
터를 넓히고

동구길 오가며
만나는 길손
어제는
물새
오늘은
풀

빈 들인 줄 알았는데
파란 보리싹

쏘옥 쏘옥
마늘 새순

울 너머로
산울가로
보시시 눈 뜬
매화
개나리

등 뒤에서
까꿍
겨드랑 새로
쏘옥

얼굴
봄 얼굴
아가 얼굴

3월 2일

새 학년
반이 바뀐 날

문틈으로
얼굴
얼굴들

들국화
채송화
해바라기

새 학년
반이 바뀐 날
문틈으로
나비
나비 떼

노랑나비
흰나비
호랑나비
내 볼을 스치는

바람
내 가슴 여울지는
물결

어깨에 팔에
날아 앉는
아이들

마른 등걸에
꽃이 피고
둘레엔
향긋한 바람

3월 2일
내 담임 반은
갸웃 갸웃
창밖에
있었다

봄맞이

냇물에 얼굴 씻고
봄맞이 간
아침

봄의 실핏줄
투명히 흐르는
산 밭

봄볕 마주앉아
나물 캐는
내 얼굴에도
실핏줄로 흐르는
봄

명주 고름 봄바람이
나물 뜯던 무명저고릴
속삭이고
돌돌돌
도랑물 귓속으로
흘러
흙 묻은

내 손등에도
돋아나는
냉이 꽃

한나절
꼬오박
산 마주앉아
바구니 넘치게
솔바람 담아
돌아오는 길

다박솔
산빛 어린
호수

산뜻
눈에 차오네

가을 소풍

코스모스 줄지어 소풍나온
그 동구엔
햇살 한 움큼 더 내리고
바람이 맑아
잎새 뒤에서도
가을은 붉고

고추밭 머리 잠자리 떼
고추 따라 익어
가을의 채반에
함께 널고픈
한낮

배부른 호박이 뒹구는
토담도 따라 배부르고
잠자리 떼 쉬임없이
은빛 하늘을 걸렀다

들국화 핀 산녘 비켜드니
가슴속까지 펼쳐지는
노오란

크레파스화

갱변에 비스듬 누워
물 함께 흐르며
물소리 듣다 아이들 소리 듣다
갱변에 반듯 누워
물결이 되었다가 조약돌이 되었다가
잠간씩 돌아눕는 물을 보다가

물소리 끊는 아이들 소리 듣다가
아이들 소리 사이로
다시 흐르는 물소릴 듣다가

체육 시간

바람이 맑아
햇살이 맑아
까닭 없이 눈물 나는
9월

하늘 흐르는
운동장에
아이들이 날고 있다

선생님의 구령 따라
줄 맞춰 걸을 때
바람이 건들고 가고
햇살이 눈 맞추고 가고

선생님의 구령이
미끄러져
아이들 줄이 비뚤비뚤

운동장 하늘 속을
헤엄치고 싶은
아이들이

햇살하고 장난치고
바람하고 해찰하고

앞서 걷는
선생님 따라
햇살도 우쭐우쭐
바람도 우쭐우쭐

흰 체육복에
탁 탁
햇살이 튀고

아이들 목소리
톡 톡
구슬 되고

사월

진이 누운
열이틀

하얀 병실에
프리지어로 찾아온
사월은

울먹이며
말도 못 하고
진이 머리맡만
지켜보다

산에 산에
진달래 싸리꽃
흩뿌려 피워 놓고
산벚꽃 흩어 흩어
복숭아꽃 골골이
봇물 틔우고

진이가 잃어버려
잃어버리마고 고개숙인

내게
담 너머 울 안으로
들이미는 꽃가지

진달래 싸리꽃
호사한 산
문득
사월의 산에 묻히고
싶은 나

진이가
병실에서
진달래꽃 빛깔로
앓고 있을 때

사월과
나는 술래놀이가
한창이었다.

5월의 밤

늦은 밤
방문을 열고 들어오는
진이 따라
열 개 달이 쏘옥

진이 대신
눈 비비며 누나 마중 가는
달

동구 밖
무논을 지날 때
길 비켜주지 않는
개구리 울음

울음소리 헤치고 가던
달이 그만
논물에 빠졌다
쫄랑 별도 빠졌다
엄마 혼자
둥그나무까지 갔을 때
누나 달이 쏘옥

개구리 울음
어지러운 무논 길까지
누나 달을 앞세우고
걷는
밤

논물에는
열개달과
별이 한음자리
높은 소리로 개구리 울음을
연주하고 있었고

봄밤

풀밭 위의 결혼식이
끝나고
하늘에서 별이
풍금 소리를 냈다

초승달이
버선발을
살풋
하늘의 새악시로
오고 있었다

초저녁이
휘장처럼 내리는
들녘
서쪽하늘을 향해
신랑처럼 걸었다

마을엔
꽃다발
꽃다발
불

창문마다
박수 소리 같은
불빛이
쏟아지고

몇 개의 초저녁 별을
켜든
초승달이
내게로
사뿐이
오고 있었다

아파트와 달

달 비늘 떼어
바른
창

은가락지
금가락지 빛
불빛 모여 사는
동네

문턱마다
찰람 찰람
하늘이 넘치고

파란 새암에
쪽박 하나
동 동
띄워 놓았다

2부

은행나무 아래서

추석달

물그릇에
떡반죽 그릇에 묻은
달빛도 함께
버물고

밤늦게 들어서는
귀성객 따라온
달도
버선발로
맞아들이고

떠들어 대는 식구들
말소리에 섞여
방 안에
부엌에
송편 빚는
그을음 속에
빛나는 귀뚜라미 울음으로
스미는
달

한밤에 눈뜨니
머리맡에
하얀 싸리꽃 다발

소복이
놓고 갔네

단풍

숲에
낙엽이 지고
있다

어제의
단풍빛
간곳 없고
가지엔
스산한 바람뿐

서녘하늘 건느는
노을이
숲을 보았다

눈물 고인
눈
노을의 눈시울에
오지랖 함빡
노을이 드는
숲

노을의 갈피에
누운
단풍잎

고운
노을로
돌아왔다

은행나무 아래서

달빛이 내리네
달빛이 내리네
누가 오시나
노오란
달빛 밟고

유리창 너머로
달빛이 깔리네
달빛이 쌓이네

그 달빛으로
대낮도
어스름
내 마음도
어스름

달빛 밟고 오시는
이
고운
달빛 하마
지울까

바람도
비켜 불고
낙엽도 소리를
여민다

아름다운 이름으로
오는
손님
가진 것 다 주고
돌아서는
웃음의 등 뒤
햇볕 한줌으로
다가가고 싶다
오래 그 곁에
서 있고 싶다

어머니의 밤

뜬눈으로 지새운
동지섣달
달포나
어머니의 하늘은
별들만 또렷한
밤이었습니다

두어 평 방에
숨소리 모두우고
어머니 잠 드시길
엿듣다 깜박
잠들면

시계 소리가 대신
뜬눈으로
지켜보고

어머니 숨소리
내가 받아
밤을 다독이면
날 재우려

억지 잠으로 돌아눕는
어머니

잠결에도
어머니 잠 안부를
묻는
식구들

언제 왔는지
문 밖에서
하얗게 밤을 지샌
흰 눈
별빛 눈빛
주고받으며
하늘
땅
마주 걱정하는

어머니
잠 안 오는 밤

눈 오는 밤

눈 오는 밤은
잠들지 못한다

그믐처럼
어둔 밤도
초승처럼
눈을 뜨고

대숲도 깨어
한밤내
사운대고

사락사락
눈 오는 소리에
닫혔던
귀
잠드던
밤이 눈 뜬다

별빛 지우며
달빛 지우며

눈 오는 밤

눈은 내려
숲을 덮고
마을을 덮고

땅 위에
별빛으로

달빛으로 다시
눈 뜬다

눈

연사흘 실비가 내려
방문을 열었지
촉 트는 봄
방 안에도 들오게

연사흘 실비가 내려
봄인가 하고
밥테기 나물
난초 싹이 한 뼘이나
나왔지

아침에
문 여니
흰 눈으로 갈아입은
산과 들

초가지붕
대숲
매화 가지가
활짝 눈 뜨고
자욱히 내리는

눈
마당 쓸어 기다린
눈이
12월이 다간 녘에
내리네

성탄절도 지난
해 저문 녘에

흰 눈 맞이 준비한
뜰에
흰 눈 맞이 준비한
마음에

세마포 옷자락으로 내리네

산밭

이른 봄
안개가 솔밭 사이로
흐르더니
촉촉이 젖은
솔잎

청솔가지 불지펴
솔내음으로 일군
밭

곱게 단장한
가르마진
이랑에
꿩 울음 한움큼
뿌리고 갔다

콩이랑 강냉이
자주감자가 꽃피고
열매 맺을
산 밭

흰구름 너울너울
널렸다 가고
산까치 두어 마리
산울림 한나절
흘리고 갔다

진이 열다섯 살

1991년 정월 보름
진이의 하늘에 꼭꼭
숨은 달

달 그을음 묻은 진이가
금가락지 빛 달무리를
돌리던 밤엔
내 마음에도 열나흘
보름달이 차올랐었다

초저녁부터
망우리 안부를
묻는 나

달도
진이 방문 앞을 서성이며
기울 줄을 모른다

진이 기다리다
혼자 나선
동구길

불씨도 지고
아이들 소리도 지고
물소리만
외줄기 길을 트는
밤

남은 별 몇 개
불씨로 골라놓고
"이제는 컸어" 하던
진이 말을 되뇌며

꼭꼭 숨은 진이
열네 살을 목놓아
불렀다

진달래

진달래 피는
우리 산

내 무덤가에
진달래꽃
화환처럼
피어

봄이면
나 다시
살리

진달래
진달래로
봄을 기다리리

무덤 풀 파래오고
날빛 환한
봄

나는

이 산 저 산
진달래꽃으로
일어서리

진달래
진달래
봄노을

진달래
진달래
꽃노을 되리

크레파스화

꼬불길 따라들면
환한 양지녘
도화지 가득 푸른 하늘
펄럭이고

창문도 조그맣고 지붕도 조그만
욕심 없는 집

새가 날고
꽃이 피고
겨울도
봄
해가지지 않는
마을

아이의 그림으로
봄은 더
화안하고

하루에도 몇 번씩
도화지 속으로

들어갔다 나오는
아이들

선생님도
가만히
도화지 속을 들춰보고
분홍 노랑
봄이 되고 싶다
크레파스화가 되고
싶다

옛벗 만나고 돌아온 저녁

버스에서 휘청 어둠에 내어딛은
발
버스 문간까지 마중나온
달과 별

산은 어둠에 물러나 있고
어둠은 길 비켜주어
초승달
별이 틔워주는
외줄기 길 따라 집에까지
왔네

불을 밝혀도
더듬는 그리움에
쓰러져 잠든
내 눈엔
눈물 자욱

밤새
흰 눈이
내가 쓴 이름들 위에

내려
아침은 새 도화지

초가집 돌담
나뭇가지마다
흰 눈을 이고 들앉은
도화지 속을 걸어
진이는
학교로 가고

날비

하교 시간
내리는 비
비의 비명 소리

길 잃은 아이와
아이 찾는 부모로
어지러운 운동장
빗줄기도 따라서
어지럽고

우산꽃 활짝
웃음 피는
운동장에

낙화
몇 송이
날비에 젖는다

우산과 우산 새로
새는 비
호졸곤히

꽃잎이 젖는다

책가방
옷 속까지 스며든
빗물

창가에서
바라보는
내 어린 날

추진 가을비에
비둘기 이쁜
발목이 젖는다

내 한쪽 날개가
젖는다

한밤에

달빛길 걸어
집에 가는
길

늘어선
풀꽃 풀꽃 풀꽃

바람이
설렁설렁
달빛 속에

꽃들이 일어서고
있었네
꽃들이 드러눕고
있었네

달빛은 시냇물 쪽으로
엎드러져 내리고
꽃들은
달빛 쪽으로
기울어져 설렁이고

꽃 속에
달빛이 숨고
있었네

달빛 속에
꽃이 숨고
있었네

바람은 팔베개로
꽃을 드러눕히고
꽃은
달빛을 드러눕히고

칭얼칭얼
시냇물 혼자
부신 눈 부비며
잠투정을 하고
있었네

나무에게

바람이
날개를 달아 주었다

반짝반짝 날갯짓을 할 때
나무는
아름다웠다

바람이
지느러미를 달아주었다

살살살살
물무늬로 헤적일 때
나무는
아름다웠다

3부

풀꽃에게

가을 소풍

코스모스
노을 사위는
들길 지나

약수터 언저리
승암산에
참숯불로 피는
단풍

흐르다
흐느끼는 시냇물
목마른 갱변에도
가을이 와

햇살 한켠
반짝반짝 모아 두고
하늘을 윤내고
있었지

아이들 목소리도
웃음소리도

햇살 받아
시냇물처럼 반짝였지

귀뚜라미 울음

귀뚜라미 울음 베고
누운 방

어찌할까 어찌할까
귀뚜라미 울음
밴
내 귀

대청마루
흰 벽
달빛인 양
찬 밤

머리맡 어지러운
귀뚜라미 소리
내 팔 닿지 않는
어디만큼 숨어서

징검다리
꿈길 놓고
긴긴 울음

건너
가을이 오네

별빛 감고
달빛 입고
눈부신 울음
건너
가을이 오네

나
가장 맑은 울음으로
태어나
이 가을
귀뚜라미 울음 맞대고
울고 싶구나

별

어둔 밤
막차를 기다리는 내 머리 위에
가장 빛나는 별 하나
함께 있어 주었습니다

그 별빛으로
내 마음
시리지 않고

보다
어두워도 좋을
밤
하늘

나는
별을 속삭이고
별은
나를 속삭이고
마침내
별과 나는 어깨 나란히
반짝입니다

초저녁부터
한밤 내내
내 머리맡은
구슬 소리로
황홀합니다

풀꽃에게

유월의
들길에서
무심코
입에 따 문
풀대궁 하나

풀언덕을
오르내려 오며
자꾸만
네 곁에 앉고
싶었지

나긋나긋 나부끼는
바람
저물도록 노닐다 가는
하늘이랑
풀꽃 함께
어깨 나란히 흔들리고
싶었지

네가
자리를 옮겨
초저녁 하늘에
별로 뜨는 시각까지
나도 잔잔한
풀꽃 하나로
피어

오래오래 네 곁에
함께 있고
싶었지

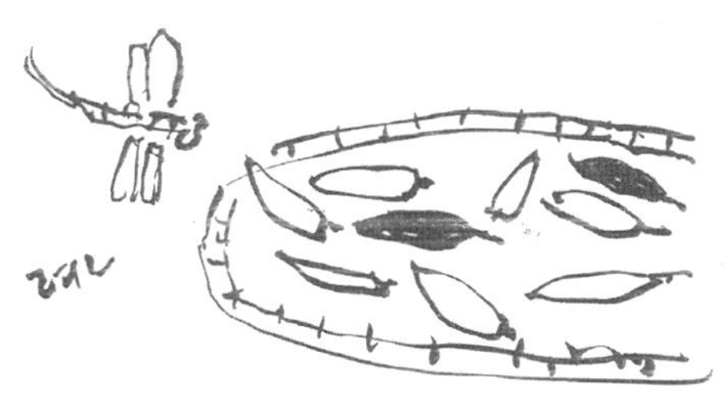

가을 별자리

자연 시간에
가을 별자리를
배우고 나서
소년은
가을 별이 되었습니다

밤하늘 헤어
가을 다
새도록
하늘을 뒤적여
별섶에서 찾아낸
페가수스
카시오페아

심부름 가는
밤길
누나 기다리는
동구밖
늦도록 혼자서
하늘을 헤어 봅니다

어느새
가슴속에
하나씩 들어와
박힌
별

소년의 가슴속에
하늘을 펼칩니다
가을을 펼칩니다

가을 별자리를
배우고 나서
소년은
가을 별이 되었습니다

눈 손님

오늘 낼 하마 오실 듯하여
창을 닦는다

작년엔
마당 쓸어 기다리게
하시더니

아침부터 안개에 젖은
교실
올해는 창을 닦아
맞이하라신가

진눈깨비 우박
눈인양 맞으며
서둘러 돌아간 집

쓸고 닦고 헹구고
치마 끝에 등불도
오렌지 향기로 밝혀 놓았다

눈 오는 소리 귀 기울이며

내다보고 내다보다
과일 향기 흐르는 방
엎뎌 깜박 든 잠
문 열고 들온
손님

진이 머리에
소복이
흰 눈이 얹혀 있었네

첫눈

희끗희끗
웃으며 날리는
눈발을
손 저어 말렸지

“아직”

“자리에 앉아”

소리 듣고
딸깍 그친 눈

아이들이 제자리로
돌아오고
눈도 제자리로 돌아가고
수업이 다시
시작되었다

한참 후
눈을 묻는 선생님

수업하다 말고
이번에는 선생님이
해찰을 하고

봄비

아이들에게 죄 짓고
돌아오는 날
봄비가 내렸다

우산을 받았는데도
마음까지 내리는
비

동구길 지나
집에 올 때까지
봄비도 홀로
나도 홀로

봄비와 난
한마디 말이 없었다

우산 깃
고쳐 받아도
봄비는
우산 속까지 내려
나를 다아
적셨다

봄 · 1

모두들 차렷하고 섰는데
시글시글 앵두꽃이 조을고

모두들 입 다물고 섰는데
저요 저요 손을 드는
살구꽃

3월 20일
성당 유치원의
봄 입학생

봄 · 2

냇물에 손 담가
헹구고 헹군
빨래

시냇물이 속삭이어
물가에 앉았더니
햇살도
날 따라
물가에 앉네

내가 봄이라도
된 양
마른 풀밭 일어서는
속잎
고막으로 흘러드는
물의 노래

한나절
봄 되어 앉았다 오니
방 안에도 흐르는
시냇물 소리

날 부르는 새소리
천정을 뚫고

어느덧
안방까지
온
봄

봄 · 3

산과 들
마을
동구길 환한
꽃길 시오리
내 등이
따사하다

냉이 씀바귀
풀꽃이 켠
등에
바위틈 돌틈이
눈을 뜨고
지구의 구석 구석이
대낮
내 귓불이 화안하다

눈 감아도 보이는
동구길
모롱이 길
하늘이 켠
등

지구가 켠
등에
날 저물 줄 몰라라

봄 · 4

안개비
꿈꾸는 산

지그시
봄 산에 기대
봄 한 톨 될까
안개비 안개비
젖어
봄 씨앗 될까

남도 삼백 리
복사꽃 고을
장다리꽃 서 있는
양지
꼬불꼬불
남도길
접어 왔다

진달래 진달래
산벚꽃
복사꽃 장다리

꽃길
백 리

산목련이 지고
있었다
산벚꽃이 피고
있었다

눈 오는 밤

밤예배 마치고 나오니
문간에서
손 내미는 흰 눈의 악수
은빛 눈사람 되어
걷는 동구길

흰 눈 호사한
마을마다
초롱불 빛
스르르
비켜주었다

개 짖는 소리
눈에 묻혀
허름한 집이
눈에 숨고
한눈에 다가오는
눈 덮인 앞산

눈오는 동구에서
흰 눈이 펼치는

하이얀 영토

나 혼자
다아
차지했지

눈

이마에
가슴에
등에

한아름
또
한아름

그만
마다해도
안겨주고
뿌려주고

과일장수
손수레에도
허름한
오지랖에도
만발한
눈꽃 다발

오가는

행인들도
눈에
얼싸안겨
송이 송이
꽃이 되고

등 구부러진
바람도
휘어진
눈꽃 가지가
되고

4부

단풍 곁에서

변산에서

금빛 물결 딛고
들어간
서해 바다

바다의 발끝에선
풍금 소리가 났지

발목만 적시렸는데
허리
가슴
온몸까지

바다와 나는
눈부신 살결로
만났네

바다와 나는
이제
그리운 사이

바다와 나는
이제
사랑하는 사이

눈 오는 산녘에 서서

눈 오는 산녘에서
어둠에 묻히는
눈송이
저무는 눈송이를
보았다

초저녁 별이
숨은
고갯마루
불빛 달고
달려오는 차

흩날리는 눈발 속
눈송이
눈송이에 섞여
잠시
길을 묻는다

헤매는 눈발 속에
나도 따라
길을 잃고

달리는 찻길의
황량한 불빛마저
안겨 오누나

불빛 속에 달려들고
싶은 깜박
목숨조차
잊을 뻔한

빈 길에
홀로 서서

오래오래
저무는
산을 보고
있었다

아침 산책

오솔길 돌아
솔밭길 지나

산에 오르네

맹감열매
청솔가지
흰 눈 들추며

갈참나무
소나무
안개 헤치며

싸리 가지
이슬
아침 열매

물빛 같은
새소리
안개 사이로 흐르고

안개 속으로
새소리
봄 비늘로
반짝이고

겨울 대둔산

야산 솔숲 딛고
등산객 따라 오른
흰 눈
바위산 정상에서
소리친다
더 이상 올라오지 마!

산 빛
봄 빛
향내 맡으며
흰 눈 되어 앉았다가
물소리로 씻기다가

눈 고드름
흰 산꽃
눈 덮인 시누대 숲을
뉘엿뉘엿 내려오며

"내년에 토끼 잡으러 와야지"
귀여운 목소리 하나
뒷으로 숨겨두고

산을 내려
돌아보니
꿈속에서 걸어 나온 듯
지나온 산은
흰 눈 페이지

청솔잎 가랑잎
앞산은 그윽
산노을인데

단풍 곁에서

해 지는 쪽을 보고
선
가을 나무들
날마다
내 창에
노을을 그리네

어제는
내 등을 색칠하고
오늘은
어깨를 물들이고

이대로 한 열흘
창가에 서 있으면
나도
바알간
나뭇잎 하나 될까

고추잠자리
꽁지
날개 끝

귓불 빠알간
나뭇잎처럼

반쯤은
가을 머금은
그런
잎새 하나

봄 오는 길

멀고 멀어라
봄 오는 길
산골짝 굽이굽이
물줄기 따라

길고 길어라
봄 오는 길
모롱이
논두렁 굽이굽이

누가 오시나
환한 봄길로
개나리
목련
꽃등 켠
마을

살구
자두
꽃불 켠
마을

꿈길도 환한
봄

해도 달도 늦잠 들어
꽃 혼자
달이 되고
해가 되고

순이네도
달 한 그루
영이네도
해 한 그루

지구가
화안하다

가을 옥계동

차창에 찍어 온
가을 사진
한 장

바위 벼랑 누빈
수
계곡
물구슬

차창에 확
끼얹는
단풍

얼굴 물들고
가슴 물들고

가을 옥계동

물도 취해

비뚤비뚤 내려오고

가을 그림

눈시울 노란
노을
뜨락에
내려
눈물이 되고

은행잎
노란
눈물이 되고

눈물을 건너오는
사람
눈물을 돌아가는
사람
노란 신호등에
교통이 자주 차단되는
거리

은행나무 가로수가
해 저물도록
아름다운 눈물로

늙는
모퉁이길에

누군가
오래오래
홀로
서 있다

가을 그림
한 장

산골아이 일기장

꼬불꼬불 쓴
영근이의 글씨를 따라가면
이른 아침
소밥주고 마당쓸고
아침부터 더워 얼굴에 찬물을 퍼붓는
영근이가 보인다

등 굽은 할머니 목소리에
키를 낮춰 들어간 단칸방엔
할머니가 차려주신 아침 밥상
밥맛이 좋아 한숟갈 더 먹고
학교로 뛰어가는
영근이

'어제 밭에서 일하다
개울에서 잡은 개구리알을
내일은 가져가야지'

이름을 불러주시는 선생님이 좋아
공부시간에도 눈을 별처럼 뜨고

학교 끝나고
농구하는 아이들을 바라보다
할머니를 생각하고

시오리 동구길을 달리며 혼자 마라톤 선수가 되어보는
영근이
할머니 찾아
비닐하우스에 들어가면 싱그러운 봄이 좋아
파란 별이 기웃거릴 때 까지
시금치를 뽑아나르고
저녁 밥상에도 더 푸짐하게 오르는
봄

거름을 져나르다 밭에서 발견한
돌
보석인양 싸들고 학교 갈 아침이
어서 새길 기다리고
마른 어깨 낡은 옷에 힘이 부쩍 솟아
넝마같은 겉옷을 벗어버리는
수업시간

'내일은 나팔꽃 씨를 가져와야지'

부푼 희망으로 배가 불러
급식소 밥을
반이나 남겼다

흙내 풋풋한 영근이의
일기장
글씨의 고랑마다
묻어나는
땀냄새
거름냄새

일기장에 흠뻑
선생님 손이
젖고

풀냄새
봄냄새
글씨마다 흠뻑
선생님 가슴이
젖고

구월

나는 안다
바라보잖아도

나는 안다
돌아보잖아도

불 켜진 들
불 밝은 들

멀찍이서도 들리는
나락 스치는 소리

걸음 멈추어
서면
옷자락에도
듣는
벼 이삭 소리

풀씨
흩뿌려논
논두렁

풀벌레 울음 스민
들길에서

벼이삭에 묻혀
아버지가
온몸으로
나락 스치는 소리를
듣고 있다

도라지꽃 한 송이가

가뭄 끝에
저무는
산과 들

햇빛도 더듬는
내 발
한낮도 휘청이는데

한길 가 밭머리에
문득
나를 돌아보는
뉘

흰 적삼
쪽진 머리

와르르 쏟는
하늘
도라지꽃 한 송이에
산이 깨었네

산뜻한
도라지꽃
들이 눈떴네

돌아보는
한 송이 꽃

나를 깨웠네

별

내 누운 들창 너머
분꽃 같은
별이 피고

나는 밤과 함께
열에 들뜬
진이 곁에 누워 있네

진이는
꿈을 꾸는 것일까
황홀한 헛소리로
몸을 뒤채며
깜박깜박 잠든 별을
깨운다

밤 깊어갈수록
별은 살아나고
별과 함께 밤을 지새우며
나는 별을 찾고

잠깐씩

진이의 꿈길까지
따라가다가
되돌아 나오다

별은
나를 깨우고

어느새
하늘 가득히
살아난 별

꽃이 지듯
밤이 지고
있었다

창을 닫으며

하늘을 닫는다

낮 동안 잊어 버렸다가
해질녘에만 보는
하늘

창을 닫으며
하늘을 헤아린다

구름 헤적여
얼굴 하나
찾고
노을 헤적여
눈빛 하나
찾고

창을 닫으며
비로소
하늘은 내 차지가
된다

5부

회개

회개

차창에 스치는 얼굴
돌부리에
채이는 이름

그 때 내가 잘못했던 것
그 때 내가 미워했던 것

용서하라
용서하라

굽히고 또 굽히고
풀꽃이 내 대신
빌어 주었다

서녘 하늘 노을보다
붉게 타는
속울음
소낙비로

울고 또
울고

용서하세요
용서하세요
나직이 되뇌는
바람의 귀엣말

비가 개이고
물속 하늘이 말갛게
걷히고 있었네

정답

하나님이
인생에게
문제를 내셨다

단
한 문제

일생을 두고
풀어도
어려운 답

찰나에도
풀 수 있는
쉬운 답

그걸 찾으려
불 밝혀
헤매었다

그걸 얻으려
세상 끝

줄서기에도
서 보았다

생명에서
죽음까지
못다 푼
시험지

죽음에서
생명까지
해결한
시험지

정답은
예수

에벤에셀 교회

1992년 3월 24일
에벤에셀 교회
헌당예배 드리는 날
찬송으로 이은
천리길

가고 오는 길이 한파람
천상의 길이었습니다
안개는 혼자서
봄을 썼다 지우고
또 쓰고

커튼 젖히니
맑은 창유리 따라 들어오는
산과 강
진달래 산수유
다박솔 정다운
동구

봄빛 수놓인
강산

찬송 소리에도 풀빛이
끼어들었습니다

하나님이 호명하여 주신
이름
에벤에셀

5799부대
전주 동부교회

감사패와 증정패가
가고 오고
별빛 같은 박수 소리

함박웃음 모두어
하나님께 드리고
돌아오는 길
우린 마주 비추이어
별들도 소곤소곤
부러워 했습니다

열린 교회 방문

1991년 8월 20일
고운 때 가시는
당신의 딸들이
산들바람 차림으로
나들이를 갔었죠

기도도 노크하고
찬송으로 밀고 든
사립마을

흰 얼굴 전도사 따라
매미 소리 뙤약볕 마중나온
생풀 마르는 내음 늘어선
돌담길 돌아드니
파란하늘 활짝
열린
당신의 집

거울 속으로
포플러 언덕
줄선 벼들이

함께 예배드리고
지름길로 달려와
전도단 앞장서는
호랑이 장가가는 비

살래살래 고개 젓는
할머니
등 뒤에서 살짝
이름 물어 적고

고구마 순 다듬고
비설거지 거들고
적고

적은 데 또 적고
꼬박꼬박 겹쳐 적은 이름
서른아홉

땀방울 씨앗 뿌리고
돌아오는 밤
당신은
정금 반달 앞세우고
웃으며
마중나와 주셨죠

기도하는 한사람 있어

북한의 핵 미사일 흉흉한 소문도
무섭지 않아
사자의 입을 봉하신 하나님 계시니

오갈 데 없는 북한
받아줄 곳은 우리 뿐
비방에 비방 빗발쳐도
미워할 수 없는 반쪽

핵을 감싸안고
죽으면 죽으리라
우리가 할 일은
기도 뿐
끝없는 햇볕사랑 뿐

원수까지도 사랑하라신
하나님 말씀

손에 손잡고
태극기 휘날릴 날
오게 하시리

기도로
남북 길 열어
기도로
하늘 길 열어

마침내
자유 주시리
구원의 방주로
떠오르게 하시라

(2009년 6월 29일)

초록바다

아이들이 돌아간
빈 교실에
혼자 있으면
먼 교실의 풍금소리
노래소리 밀물되어
밀려옵니다

5월 중순부터
초여름을 부르는
초록바다

사르르 교실안까지
살랑이다 가는
바다 물결

교실마다 초록빛 노래가
여울집니다

해마다
유월이면
도돌이표로 흐르는
초록바다

아이들 노래에
두 손을 담그며
두 발을 담그며

7월을 엽니다
바다를 엽니다

봄소풍

물통 뚜껑을 잃었다고
우는 형준이
울음소릴
시냇물 삼아 들으며
가는 길

눈 벚꽃 지는
마을
싸리꽃
새순 그늘
파아란 산밭
모렝이 돌아들도록
실개울로 흐르는
울음소리

남고산 오르는 길
솔숲새로
진달래 진달래
분홍 옷고름

울음 그친

형준이
모자 벗어들고
풀바람 갈아입고
쉬엄쉬엄 오르니
산무릎 걸터앉아
날 기다리는 아이들

문득 내 눈에 넣어도
안 아플 얼굴 아이들 얼굴
눈에 넣어 돌아올 때
내 눈 속 비켜
겹 포개이는
진달래
얼굴

목련꽃 아래서

교회 뒤뜰
목련꽃 그늘
희고 맑아
그 아래 지나며
혼자 입어보는
목련꽃

오늘도
흐젓이
꽃아래 지나는데
저만치 오고 있는
님
목련꽃 웃음 함빡 머금고

님과 마주친
꽃그늘

가다가
돌아보니
가던길
되오는
님

목련꽃 그늘에서
아무도 모르게 마주친
님과
나의
황홀한
눈맞춤

남이섬에서

호수가 있었다
큰 나무가 있었다

재호가 있었다
딸이 있었다
아들이 있었다

물결은 어깨너머로
반짝이고

청설모는 이 나무에서
저 나무로
오르락 내리락

방금
그림책에서 빠져나온
타조가 재호 곁으로
성큼 성큼 지나갔다

강물이 있었다
큰 나무가 있었다

아들이 있었다
딸이 있었다
재호가 있었다

그리고
가을이 있었다

세미한 말씀

버스 타고
고속도로 지날 때
차창에 스치는
조경의 소나무

적당히 등급은
빼어난 자태

나 언제 저런
소나무
뜰 안에 들이고 살지?

지상에 집 한 칸
없으면서
나무를 부러워 하다니
내 나를 나무랄 때

귓가에 들리는
세미한 말씀
'천산에 소나무 다 내것인데
무얼 부러워 하느냐?'

가을 나무

가을에는
나무로 말하게 하라

가을에는
나무로 그리게 하라

옷깃을 여미고
눈을 감고
나무의 침묵을 침묵하자

오색 단청아
홍안의 얼굴아 비켜라

가을에는
나무 하나만
주인공에게

그리고
말없이 그 아래 앉거나
서서

또는
멀찌기서
하염없이 바라 볼 일 이다

고추 잠자리

풀잎에서 잠자는
고추 잠자리

풀잎인가 하고
이슬이 내려오고

이슬인가 하고
별빛이 내려오고

파르르
파르르

바람인가 하고
풀잎이 갸웃갸웃

풀잎인가 하고
바람이 건들건들

신언련 시집

산골아이 일기장

인쇄 2018년 8월 25일
발행 2018년 8월 30일

지은이 신언련

발행인 서정환
펴낸곳 신아출판사
주소 전북 전주시 완산구 공북 1길 16(태평동 251-30)
전화 (063) 275-4000, (02) 3675-3885
팩스 (063) 274-3131
이메일 sina321@hanmail.net essay321@hanmail.net
출판등록 제465-1984-000004호
인쇄 · 제본 신아출판사

ISBN 979-11-5605-553-2 03810
값 10,000원

이 도서의 국립중앙도서관 출판예정도서목록(CIP)은 서지정보유통지원시스템 홈페이지(http://seoji.nl.go.kr)와 국가자료공동목록시스템(http://www.nl.go.kr/kolisnet)에서 이용하실 수 있습니다.(CIP제어번호:(CIP제어번호 : 2018026228)

Printed in KOREA